Insa Bauer

Leselöwen
Dinosaurier-Wissen

Illustrationen von Udo Kruse-Schulz

Loewe

Bibliografische Information Der Deutschen Bibliothek
Die Deutsche Bibliothek verzeichnet diese Publikation in der Deutschen Nationalbibliografie; detaillierte bibliografische Daten sind im Internet über *http://dnb.ddb.de* abrufbar.

Der Umwelt zuliebe ist dieses Buch auf chlorfrei gebleichtem Papier gedruckt.

ISBN 3-7855-5214-9 – 1. Auflage 2004

Umschlagillustration: Udo Kruse-Schulz
Umschlaggestaltung: Andreas Henze
Gesamtherstellung: sachsendruck GmbH, Plauen
Printed in Germany

www.loewe-verlag.de

Inhalt

Wettlauf der Forscher

„Es ist doch wohl sonnenklar, dass ich der beste Dinosaurierforscher bin!“ Mister Perkins schlägt sich gegen die Brust und schaut erwartungsvoll in die Runde, die sich im Zelt versammelt hat. Die anderen Wissenschaftler nicken eifrig.

Jim, der als Helfer bei der Forschergruppe arbeitet, sitzt zwischen den Wissenschaftlern. Als ihn Mister Perkins' Blick streift, nickt auch er schnell.

„Und das werde ich bleiben“, fährt Mister Perkins fort. „Deshalb muss ich unbedingt wissen, wie weit die anderen Forscher sind. Mein Feind Webberby zum Beispiel. Hat seine Gruppe versteinerte Knochen gefunden, die wir noch nicht kennen?“

Jim wünscht sich, unsichtbar zu sein. Denn er ahnt schon, was auf ihn zukommt: Er soll wieder die Drecksarbeit machen. Wäre er doch nur bei seinem Vater und den Goldwäschern am Fluss geblieben!

Aber der Goldrausch ist vorbei. Man findet zu wenig, um davon zu leben. Deshalb ist Jim eigentlich froh, dass Mister Perkins ihn für Hilfsarbeiten eingestellt hat.

Wie erwartet bleibt der Blick des Forschers an Jim hängen. Dennoch zuckt der Junge zusammen, als Mister Perkins befiehlt: „Jim, du gehst heute Nacht zu den Zelten von Webberby!“

Jim hasst es, bei anderen Forschern zu spionieren.

„Na los, worauf wartest du noch?“, knurrt Mister Perkins ihn an. „Und pass auf, dass sie dich nicht ertappen. Wenn sie dich trotzdem erwischen, stell dich stockdumm, und halt den Mund. Einem Jungen wie dir werden sie nichts tun.“

Hastig rappelt Jim sich auf. „Ja, Sir.“

„Beeil dich!“ Mister Perkins klopft ihm hart auf die Schulter und drückt ihm Maßband, Stift und Papier in die Hand. „Zeichne die Form der Knochen ab, und schreibe alle Maße genau dazu.“

Widerwillig stapft Jim los. „Mister Webberby ausspionieren! Pfui Spinne!“ Er spuckt auf den Boden und stolpert wütend durch die Steinbrüche. Doch was bleibt ihm anderes übrig, als seinem Chef zu gehorchen?

Nach einem anstrengenden Fußmarsch erreicht Jim im Schutz der Dunkelheit endlich die Zelte von Mister Webberbys Forschergruppe.

Wie eine Raubkatze bewegt er sich zwischen den Zelten hindurch. In welchem sind wohl die wertvollen Fundstücke? Vielleicht in dem größten?

Jim lauscht. Alles ist ruhig. Vorsichtig hebt er eine Ecke der Zeltplane an.

Plötzlich spürt er in seinem Nacken eine kräftige Hand, die ihn schüttelt wie ein gefangenes Beutetier. Eine weitere Hand packt seinen Arm. Und diese Hand ist nicht nur riesig, sondern auch dicht behaart. Jim ist starr vor Schreck.

Es ist wie in einem Albtraum. Jim reißt den Mund auf, bringt jedoch keinen Ton hervor.

„Schon gut, Harry. Zeig mal, was du da gefangen hast!“, hört Jim eine sanfte Stimme. „Ist es ein Tier, das an unsere Vorräte wollte?“

„Nein, Mister Webberby. Es ist ein Junge.“ Die behaarte Hand lockert den Griff ein wenig.

„Ein Junge? Lass mal sehen!“ Mister Webberby ist ein großer hagerer Mann. Seine freundliche Stimme flößt Jim noch mehr Angst ein als die Pranke im Nacken. „Wo kommst du denn her, mein Junge?“

„Ich ... ich hab mich verlaufen“, stottert Jim. Stockdumm stellen, hat Mister Perkins gesagt.

„Und wer hat dich geschickt?“, will Mister Webberby wissen.

„Also, ich ... also, geschickt bin ich nicht, Sir. Leider. Eher ungeschickt, sagt mein Vater immer.“ Jim grinst gequält.

„Und dumm dazu“, murmelt Mister Webberby. „Wer ist dein Vater?“, will er wissen.

„Goldgräber! Mein Vater ist Goldgräber. Da hinten am Fluss.“ Jim deutet in Richtung der Berge, dreht sich dann um und zeigt in die entgegengesetzte Richtung. „Nein, da. Ich weiß nicht mehr wo, hab mich doch verlaufen.“

Mister Webberby beugt sich zu Jim hinunter und schaut ihm forschend in die Augen. „Kennst du einen Mister Perkins?“

Jim ist erschrocken. „P... P... Perkins? Nie gehört. Ist der auch Goldgräber?“

Wütend wischt sich der Forscher über das schmale Gesicht. Jims Aussprache ist ihm zu feucht, besonders beim P.

„Nimm ihn mit, und bewach ihn gut!“, befiehlt Mister Webberby seinem gorillaähnlichen Diener. „Ich will ihn mir bei Tageslicht noch einmal vorknöpfen.“

Harry schiebt Jim vor sich her zu einem kleinen Zelt.

Jim ist müde und erschöpft. Er möchte nur noch schlafen. Doch als er sich auf den Boden legen will, knurrt Harry: „Nichts da! Du spielst mit mir Karten. Meinst du, ich hab Lust, mitten in der Nacht allein wach zu bleiben?“

Jims Herz klopft schneller. Karten spielen? Darin ist er Meister! Vielleicht kann er Harry überlisten, wenn er ihn gewinnen lässt.

Sein Plan geht auf. Jims Aufpasser hat so viel Spaß am Gewinnen, dass er sein Misstrauen vergisst. Sie spielen und spielen.

Als Jim wieder einmal mit dem Mischen an der Reihe ist, werden Harrys Augen immer kleiner. Jim mischt so lange, bis Harry geräuschvoll schnarcht. Inzwischen wird es draußen hell. Vorsichtig schleicht sich Jim aus dem Zelt und rennt los. Nichts wie weg hier!

Nachdem er eine Weile gerannt ist, bleibt Jim stehen und ruht sich kurz aus. Was soll er nur Mister Perkins sagen? Er hat keinen einzigen Dinoknochen gesehen. Dafür hat er sich wie ein Dummkopf fangen lassen. Mister Perkins wird sehr böse sein. Vielleicht darf Jim nie mehr für ihn arbeiten!

„Mist!“ Jim tritt gegen einen trockenen Erdklumpen. „Au, der ist ja steinhart!“ Er hüpft auf einem Bein herum und hält sich den Fuß.

Es ist inzwischen so hell, dass er gut erkennen kann, was vor ihm aus dem Sand ragt: Es sind drei spitze Knochen!

Plötzlich trifft es ihn wie ein Blitz. „Super!

Ein Schädel mit drei Hörnern! Wenn ich den Mister Perkins zeige, sind ihm alle Knochen von Webberby egal, und er fragt mich nicht mehr nach irgendwelchen Maßen und Zeichnungen." Jim rennt los.

Jim behält Recht. Sein Fund wird eine Sensation. Der versteinerte Schädel ist nur einer von zahlreichen Knochenfunden in dem Gebiet. Forscher vermuten, dass eine Herde dreihörniger Dinosaurier dort gelebt hat. Diese nennt man später Triceratops, das heißt Dreihorngesicht.

Bekannte Dinosaurier

Dinosaurier (schreckliche Echsen) nennt man die Saurier, die vor Millionen von Jahren an Land gelebt haben. 1841 gab der englische Wissenschaftler Sir Richard Owen den Urzeittieren diesen Namen.

Um 1870 wetteiferten im Wilden Westen die Forscher Edward Drinker Cope und Othniel Charles March um die wichtigsten Versteinerungen. Dabei wurden sie erbitterte Feinde, die sich sogar gegenseitig bespitzelten. Sie entdeckten viele bis dahin unbekannte Dinosaurierarten.

Velociraptor (Schneller Dieb) war ein sehr flinker kleiner Räuber mit langen Beinen. Er wurde nur bis zu 1,80 m lang.

Triceratops (Dreihorngesicht) wurde bis zu 9 m lang. Mit den drei Hörnern am Kopf konnte er sich gut verteidigen. Sein Maul sah aus wie ein Papageienschnabel.

Tyrannosaurus Rex (König der Tyrannenechsen) war ein Fleischfresser. Er wurde bis zu 15 m lang, 6 m hoch und wog bis zu 7 Tonnen. Mit messerscharfen Zähnen und mit seinen Krallen packte und zerriss er seine Beute.

Brachiosaurus (Armechse) fraß riesige Mengen an Pflanzen. Sein Körper war dick und schwer. Er wurde bis zu 23 m lang, 12 m hoch und wog bis zu 80 Tonnen. Er hatte einen kleinen Kopf und einen sehr langen Hals, mit dem er an die Blätter hoher Bäume reichte.

Stegosaurus (Dachechse) hatte Knochenplatten auf dem Rücken. Seine Stacheln am Schwanzende benutzte er zur Verteidigung. Er war ungefähr 9 m lang und 5 m hoch.

Ein wertvoller Fund

„He Julian! Guck mal hier!“ Sarah nimmt ihre Schutzbrille ab. Sie hält eine Steinplatte hoch und wartet ungeduldig, bis ihr Bruder Hammer und Meißel zur Seite gelegt hat. „Das sieht aus wie der Archäopteryx!“

Julian wischt sich den Schweiß von der Stirn und beugt sich über den hellen Sandstein. „Ich glaub's nicht! Wie der Urvogel im Museum. Davon gibt's auf der ganzen Welt nur acht Stück.“

„Was? Dann habe ich ja eine superwertvolle Versteinerung gefunden! Den neunten Archäopteryx!“ Sarah kann es nicht fassen. „Aber weißt du, was das heißt?“

Julian nickt. „Wertvolle Fundstücke müssen abgegeben werden.“ Er holt ein kleines Fossilienbuch aus seiner Hosentasche und hält seiner Schwester die Seite mit dem Urvogel unter die Nase.

„Die Wirbelsäule und der Kopf sind ähnlich. Aber sonst sieht er doch irgendwie anders aus."

„Finde ich nicht." Sarah tippt mit dem Zeigefinger auf das Buch. „Nur die Federn fehlen."

„Beine und Flügel hat er auch nicht", gibt Julian zu bedenken.

Plötzlich schiebt Sarah die Steinplatte schnell in ihren Rucksack. „Mama und Papa kommen", flüstert sie.

Julian schaut sie fragend an. „Du willst ihnen die Platte nicht zeigen?"

Sarah schüttelt den Kopf.

„Na, was habt ihr gefunden?“, fragt ihre Mutter.

Die Kinder halten ihren Eltern zwei versteinerte Ammoniten und einen kleinen Schlangenstern entgegen.

„Wir haben auch nur ein paar Kleinigkeiten entdeckt“, gesteht ihr Vater und legt eine dünne Steinplatte mit dem Abdruck einiger Muscheln auf seine Handfläche.

„Müssen wir unsere Fossilien abgeben?“, fragt Sarah vorsichtig.

„Nein. Diese Art Versteinerungen gibt es so häufig, dass wir sie behalten dürfen.“

„Was müssten wir denn abgeben?“, will Julian wissen.

„Zum Beispiel Dinoknochen“, antwortet seine Mutter. „Wenn wir sie überhaupt erkennen würden.“

„Oder den Archäopteryx?“, fragt Sarah weiter und sieht ihre Eltern erwartungsvoll an.

Ihre Mutter ahnt nicht, warum Sarah diese Frage stellt.

„Ja, auf jeden Fall. Wer den neunten Archäopteryx findet, wird sicher zusammen mit dem Urvogel im Museum ausgestellt.“

„Dann möchte ich ihn lieber nicht finden“, meint Julian. „Stundenlang steif rumstehen und sich besichtigen lassen. Echt ätzend!“

Sein Vater lacht laut auf. „Man wird natürlich nicht selber ausgestellt. Aber der Name des Finders steht dann bestimmt neben dem Fundstück.“

Sarah und Julian sehen sich an.

„Also, wir …“, beginnt Julian.

Sarah knufft ihn. „Wir möchten auch mal was Wertvolles finden“, ergänzt sie und wirft ihrem Bruder vorwurfsvolle Blicke zu.

Später schimpft sie: „Beinahe hättest du alles verraten!“

Julian ist beleidigt. „Du kannst den Archäopteryx doch sowieso nicht mit nach Hause nehmen!“

„Will ich auch nicht. Aber ich habe ihn gefunden und sage es schon selber. Nur jetzt noch nicht.“

In der Nacht träumt Sarah davon, wie sie im Naturkundemuseum mit dem Archäopteryx auf einem Sockel steht.

Immer wieder hört sie den Satz: „... fand die elfjährige Sarah den neunten Archäopteryx.“

Mit gemischten Gefühlen wacht Sarah auf. Plötzlich ist sie sich ganz sicher, dass sie ihren Eltern von dem Fund erzählen muss. Sie sollen entscheiden, was zu tun ist.

Die Gelegenheit bietet sich schon am Vormittag im Steinbruch. Sarah tut so, als hätte sie die Steinplatte gerade erst entdeckt.

Ihre Eltern sind von dem Fund begeistert.

„Werde ich nun berühmt?“ Sarah platzt fast vor Ungeduld.

„Mal sehen, wir wissen ja noch nicht, ob es wirklich ein Archäopteryx ist“, antwortet ihr Vater. „Zuerst gehen wir zum Museum und fragen einen Paläontologen. Das ist ein Wissenschaftler, der sich mit der Urzeit beschäftigt.“

Auf dem Weg zum Museum hält Sarah ihre Steinplatte fest umklammert.

Dann kommt der große Augenblick. Der Paläontologe ist eine Paläontologin und heißt Frau Rodenberg. Sie betrachtet das Fundstück unter der Lupe. Es dauert einige Minuten, in denen Sarahs Hände feucht und ihr Kopf heiß werden.

„So!“, sagt die Wissenschaftlerin endlich und reicht Sarah den Stein zurück. „Bei diesem Abdruck handelt es sich um einen Fisch aus der Jurazeit, etwa 140 Millionen Jahre alt.“

„Ein Fisch? ... Kein Archäopteryx? ... Und ich muss ihn nicht abgeben?“, stammelt Sarah.

Frau Rodenberg lacht. „Diese Fische sind nicht gerade selten. Aber es ist ein schönes Stück. Wenn du ihn verkaufen willst, kannst du ...“

„Ich will ihn nicht verkaufen!“, ruft Sarah schnell. „Ich möchte ihn auf meinen Schreibtisch stellen.“

Eigentlich ist sie froh, dass sie einen Fisch gefunden hat, den sie behalten darf. Sie ist nur ein ganz kleines bisschen enttäuscht, dass es doch nicht der neunte Archäopteryx ist.

Das Leben der Dinosaurier

Die ersten Dinosaurier tauchten vor etwa 230 Millionen Jahren auf.

Sie lebten in den Erdzeitaltern Trias, Jura und Kreide. Vor 65 Millionen Jahren starben sie aus. Das Klima war wärmer als heute. Baumfarne, Nadelbäume (z. B. Ginkobäume) und Schachtelhalme waren die häufigsten Pflanzen.

Die Dinosaurierweibchen legten ihre Eier in eine Mulde. Es wird vermutet, dass einige Arten ihre Brut pflegten wie die **Maiasaura** (Gute Mutter). Sie bauten ihre Nester nebeneinander und nutzten die Sonnenwärme zum Bebrüten.

Flugsaurier (Pterosaurier) hatten keine Federn, sondern Flughäute.

Die Flügelspannweite des **Pteranodon** erreichte 7 m.

Zur gleichen Zeit machten im Wasser die **Meeressaurier** Jagd auf Beute.

Die **Ichtyosaurier** (Fischsaurier) sahen den Delfinen ähnlich. Sie waren jedoch größer und hatten viele kleine spitze Zähne in ihrem Kiefer.

Der **Archäopteryx** (Uralte Feder) war der erste Dinosaurier, der Federn hatte und fliegen konnte. Er war ungefähr so groß wie eine Taube, hatte Zähne im Schnabel und Krallen an den Flügelenden.

Viele Dinosaurierarten lebten an Land in Herden zusammen. Pflanzenfresser konnten so ihre Jungen besser vor den Angriffen von Raubsauriern schützen.

Kleine Fleischfresser wie **Deinonychus** (Schreckenskralle) jagten in Rudeln.

Tyrannosaurus Rex, der gefährliche Räuber

„Schade, dass es keine Dinos mehr gibt", sagt Lennard traurig, als er im Dinosaurierpark unter dem geöffneten Maul von Tyrannosaurus Rex steht und staunend an ihm hochschaut.

Sein älterer Bruder Jannis nickt. „Mit Dinos um uns herum wäre das Leben viel spannender", stimmt er zu. „Aber jetzt komm! Wir sind mit Mama und Papa im Gartencafé verabredet."

„Ich will noch hier bleiben", mault Lennard.

„Okay. Ein paar Minuten haben wir noch, um den großen Räuber zu bewundern. Vielleicht fällt mir dabei ja eine Geschichte von Tyrannosaurus ein", sagt Jannis.

„Oh ja! Eine Geschichte von Tyranno mit seinen scharfen Zähnen und seinen gefährlichen Klauen. Aber Pflanzenfresser sollen auch vorkommen, Entenschnäbler oder so.“ Lennard sieht seinen Bruder erwartungsvoll an.

„Na gut.“ Jannis überlegt einen Augenblick. Dann fällt ihm ein Bericht ein, den er einmal gelesen hat:

„In Nordamerika haben Wissenschaftler einen versteinerten Eiablageplatz und versteinerte Skelette von Entenschnabeldinosauriern, den Maiasaura, entdeckt.

Denk jetzt mal 70 Millionen Jahre zurück, und stell dir das Leben dieser Herde vor: Mehrere Muttertiere leben dort mit ihren Jungen. Einzelne Maiasaura bewachen

ihre Gelege, andere bereiten ihre Eiablage vor.

Eins der Muttertiere häuft gerade sorgfältig Sand zu einem kleinen Hügel auf. Als ihr der Sandhaufen groß genug erscheint, drückt sie mit dem Maul in die Mitte eine Mulde, in die sie zwanzig Eier legt. Jedes Ei ist ungefähr dreimal so groß wie ein Hühnerei.

Das Dinoweibchen bedeckt das Gelege mit Sand und Pflanzen, um es warm zu halten und zu schützen. Immer wieder umkreist die Maiasaura das ‚Nest', zupft ein paar Pflanzen zurecht und blickt dabei aufmerksam in alle Richtungen."

Lennard springt auf und ruft: „Und dann entdeckt sie Tyrannosaurus, der sie fressen will!“

Jannis lacht. „Neben dem Tyrannosaurus haben die Maiasaura noch viele andere Feinde. Und die Mutter kann nicht immer bei den Eiern wachen. Schließlich muss sie auch mal fressen. Während sie nach Nahrung sucht, bleiben die Eier unbewacht.

Und schon schleicht sich ein Troodon an. Mit seiner spitzen Schnauze schiebt der kleine kluge Saurier Sand und Pflanzen zur Seite, bis einige der Eier unbedeckt daliegen.

Im selben Moment kehrt die Maiasaura von der Nahrungssuche zurück. Schnaubend vor Wut rennt sie auf den Eierräuber los. Doch es ist zu spät. Mit einem Ei in der Schnauze ergreift der flinke Dieb die Flucht.

Aus den anderen neunzehn Eiern schlüpfen später die kleinen Maiasaura. Das Muttertier verbringt viel Zeit mit Brutpflege und Nahrungssuche. Um die neunzehn hungrigen Mäuler zu stopfen, schafft sie riesige Mengen an Pflanzen herbei. In dieser Zeit muss sie die Jungen oft allein lassen."

„Und jetzt kommt der Tyranno!", ruft Lennard triumphierend.

„Nein, die schreckliche Echse hat die Kleinen noch nicht entdeckt", erklärt Jannis. „Aber trotzdem ist es eine besonders gefährliche Zeit für die kleinen Maiasaura. Denn sie sind schon so groß, dass sie allein auf Futtersuche gehen.

Jedes Mal entfernen sie sich weiter von der Mutter. Und da passiert es!“

Lennard zuckt zusammen. „Tyrannosaurus Rex!“, ruft er und guckt erschrocken hoch zu den messerscharfen Zähnen.

„Richtig!“ Jannis zeigt auf den König der Schreckensechsen. „Der Tyrannosaurus hat die Gruppe erspäht. Angriffslustig und mit gierig aufgerissenem Maul stampft er aus dem Gebüsch und rennt auf die Jungtiere los.

Sofort ist die Maiasaura da. Sie will ihre Jungen zur Herde zurücktreiben, um dort mit ihnen Schutz zu suchen.

Furchtbar brüllend jagt der schreckliche Räuber hinter der fliehenden Familie her.

Während die kleinen Entenschnäbler um ihr Leben rennen, halten sie sich so dicht wie möglich neben der Mutter. Doch nach und nach bleiben zwei der Jungen zurück. Sie sind noch nicht ganz so kräftig wie ihre Geschwister. Nur die drohende Gefahr lässt sie überhaupt so lange durchhalten.

Tyrannosaurus dagegen wird schneller und schneller. Er holt auf und hat bald die beiden Jungen erreicht.

Der Instinkt sagt der Maiasaura, dass sie diesen beiden nicht mehr helfen kann. Sie muss die anderen Kleinen retten und läuft mit ihnen weiter.

Sie schafft es! Zusammen mit den siebzehn Jungen gelingt dem Muttertier die Flucht zu seiner Herde.

Auch von ihnen werden später noch

einige den Raubdinosauriern zum Opfer fallen. Nur wenige der siebzehn kleinen Maiasaura werden erwachsen. Und genau deswegen muss die Maiasaura so viele Eier legen."

Mit weit aufgerissenen Augen hat Lennard seinem Bruder zugehört. Ängstlich geht er ein paar Schritte von Tyrannosaurus Rex weg. „Eigentlich bin ich doch froh, dass es heute keine Dinos mehr gibt! Und jetzt will ich zu Mama und Papa ins Café und Eis essen."

Rekorde

Der erste Hobby-Fossilienforscher war der englische Arzt Dr. Gideon Mantell. Seine Frau soll 1822 den versteinerten Zahn eines **Iguanodon** (Leguanzahn) gefunden haben. Dieses Fundstück war das erste Dinosaurierfossil der Welt.

Neben den Tyrannosauriern war der **Utahraptor** (Räuber aus Utah) einer der gefährlichsten Dinosaurier. Er ist verwandt mit dem Velociraptor (Schneller Dieb) und wie dieser ein intelligenter kleiner Räuber. Meistens jagte er im Rudel und konnte dadurch auch sehr große Tiere angreifen.

Der schwerste Dinosaurier soll der **Seismosaurus** (Erdbebenechse) gewesen sein. Nachdem 1986 in New Mexico riesige Knochen gefunden wurden, errechneten Wissenschaftler eine Länge von 30 bis 40 m und ein Gewicht von bis zu 140 Tonnen.

Die schnellsten Dinosaurier waren die Straußendinosaurier wie der Ornithomimus (der Vogelähnliche) und der **Coelophysis** (Hohles Geschöpf).

Der **Ornithomimus** konnte schneller als 50 km in der Stunde laufen, er wurde bis zu 4 m lang.

Der kleinste Dinosaurier war der **Compsognathus** (Schöner Kiefer). Der flinke Fleischfresser war mit 0,65 m Länge ungefähr so groß wie eine Hauskatze.

Einer der größten Dinosaurier war der Pflanzen fressende **Supersaurus** (Superechse). In Nordamerika wurden versteinerte Knochen gefunden, die auf eine Länge von mindestens 40 m und eine Höhe von ungefähr 15 m schließen lassen.

Allosaurus' Ende

„Wer wirbelt denn da so viel Staub auf?", fragt Frau Hoffmann, die auf dem Schulhof Aufsicht führt. Ihre Klasse 4 a steht trampelnd auf der ausgetrockneten Wiese.

„Wir spielen Aussterben der Dinosaurier", antwortet Sophie. „Als ein Meteorit auf die Erde geknallt ist, hat es ganz furchtbar gestaubt."

Hustend fügt Mirko hinzu: „Und weil die Sonne nicht mehr durch den Staub hindurch auf die Erde scheinen konnte, wurde es dunkel und kalt. Und dann ..."

„Dann sind keine Pflanzen mehr gewachsen!“, ruft Benjamin dazwischen.

„He, das wollte ich doch sagen!“, schimpft Mirko. „Als es keine Pflanzen mehr gab, hatten die Pflanzenfresser kein Futter mehr und starben aus“, erklärt er und lässt sich taumelnd zu Boden sinken wie ein sterbender Saurier.

„Und irgendwann hatten die Fleischfresser alle Mirkos ... äh, ich meine alle Pflanzenfresser aufgefressen und fanden auch nichts mehr zu futtern“, sagt Sophie mit ernstem Gesicht und wirft sich neben Mirko.

Frau Hoffmann lacht. „Ihr kennt euch ja richtig gut aus! Ich kann mir nun genau vorstellen, was sich vor etwa 65 Millionen Jahren zugetragen hat:

Mit allerletzter Kraft schleppt sich einer der größten Fleisch fressenden Dinosaurier, der Allosaurus, durch die graue Wüste.

Die vorher so üppige grüne Landschaft ist von dickem Staub überzogen. Alle Pflanzen sind aufgefressen oder abgestorben. Nichts wächst mehr nach. Durch den Staub in der Luft dringt kein Sonnenstrahl auf den Boden. Es wird immer kälter.

Schon lange sind von den Pflanzenfressern und auch von vielen Fleischfressern nur noch nackte Skelette übrig.

Auch andere Fleischfresser irren auf der Suche nach Nahrung durch die tote Landschaft.

Der vorher so gefährliche Allosaurus ist vor Hunger schon sehr geschwächt. Er schnuppert an den Gerippen, die gespenstisch aus dem dunklen Staub ragen. Aber es gibt nichts mehr für ihn, alle Knochen sind restlos abgenagt. Wütend und verzweifelt brüllt er in die Dunkelheit.

Dem Instinkt folgend, zieht es den Fleisch fressenden Räuber nach Süden.

Sein leerer Bauch und die Kälte lassen ihn jedoch immer langsamer werden. Aber er gibt nicht auf. Er ist es gewohnt zu kämpfen.

An einem Fluss schlürft er gierig von der schlammigen Brühe. Klares Wasser fließt dort schon lange nicht mehr.

Während Allosaurus trinkt, lässt seine Aufmerksamkeit für kurze Zeit nach.

Plötzlich wittert er Gefahr, doch es ist schon zu spät. Ein Rudel Velociraptoren umkreist ihn lauernd. Flink und geschickt bewegen sich die kleinen Raubdinosaurier mit ihren langen Beinen. Jetzt ist der Fleisch fressende Riese selbst bedroht!

Brüllend dreht Allosaurus sein geöffnetes Maul mit den messerscharfen Zähnen in alle Richtungen. Er spürt, dass die kleinen Fleischfresser zu schnell sind, um für ihn als Beute infrage zu kommen. Verzweifelt versucht er, die gefährlichen Feinde zu vertreiben. Doch immer, wenn der Allosaurus gerade ein Rudel verscheucht hat, wird er von hinten wieder angegriffen!

Plötzlich springen die Velociraptoren gleichzeitig von mehreren Seiten gegen den riesigen Körper und krallen sich mit ihren scharfen Fangkrallen fest. Allosaurus wehrt sich mit letzter Kraft. Aber es scheint aussichtslos zu sein. Denn kaum hat er einen seiner Feinde abgeschüttelt, da verbeißt sich schon der nächste in seinem Nacken.

Allosaurus schnaubt und schleppt sich ein paar Schritte weiter. Wie von Sinnen lässt er sich auf die Seite fallen und wälzt sich im Staub. Dadurch kann er einige seiner Angreifer loswerden. Aber sie kommen zurück.

Der große Fleischfresser ist bald so erschöpft und benommen, dass er nicht mehr spürt, wie die kleinen Raubdinosaurier sich erneut auf ihn stürzen.

Irgendwann ist auch von dem Allosaurus nur noch ein Skelett übrig.

Und irgendwann sind auch seine Angreifer, die flinken Velociraptoren, verhungert.“

Die Kinder haben alle gespannt zugehört. Mirko schaut sich unsicher um, als vermute er hinter jedem Baum einen Allosaurus.

„Ist das wirklich so gewesen?", fragt Sophie.

Frau Hoffmann schüttelt den Kopf. „Ich weiß es nicht. Was ich euch erzählt habe, habe ich mir ausgedacht. Es kann so gewesen sein oder auch ganz anders. Die Wissenschaftler sind sich da nicht einig."

„Ich habe gelesen, dass auf der ganzen Welt Vulkane ausgebrochen sind!", ruft Nele.

„Klar, die Asche flog durch die Luft, und es war genauso wie mit dem Staub in der Geschichte“, fügt Daniel hinzu.

Es klingelt, und die Pause ist vorbei.

Sophie klopft sich den Staub ab und fragt: „Aber warum haben dann andere Tiere wie Krokodile, Eidechsen und Vögel überlebt?“

„Das wird wohl immer ein Rätsel bleiben“, antwortet Frau Hoffmann. „Die Säugetiere, zum Beispiel, konnten sich erst nach dem Aussterben der Dinosaurier richtig entwickeln, da sie sich an die neuen Lebensbedingungen gut anpassen konnten.“

„Wir könnten doch die Dinosaurier im Unterricht durchnehmen“, schlägt Mirko vor.

„Gute Idee“, sagt Frau Hoffmann lachend. „Und ich glaube, die Dinos sind auch ein spannendes Thema für unseren nächsten Aufsatz.“

Das Aussterben der Dinosaurier

Die Wissenschaftler nennen viele unterschiedliche Möglichkeiten, warum die Saurier ausgestorben sein könnten. Einige Beispiele sind:

Ein **Meteorit**, also ein Gesteinsbrocken aus dem Weltraum, prallte auf die Erde. Er hatte einen Durchmesser von zehn Kilometern und wirbelte so viel Staub auf, dass für lange Zeit kein Sonnenstrahl mehr die Erde erreichte. Es wurde kälter. Die Pflanzenfresser fanden nicht mehr genug Nahrung und starben aus. Dadurch verhungerten auch die Fleischfresser.

Überall auf der Erde brachen **Vulkane** aus und schleuderten große Mengen Lava und Asche tausende Kilometer weit. Die Dinosaurier wurden verschüttet oder verhungerten später.

Die Erde wurde von gewaltigen **Erdbeben** erschüttert. Riesige Flutwellen überschwemmten das Festland. Das Nahrungsangebot für die Dinosaurier wurde knapper. Zuerst starben einige Arten der Urzeittiere aus, nach und nach verschwanden sie völlig.

Das **Klima** veränderte sich langsam. Im Gegensatz zu anderen Lebewesen konnten die Saurier sich den veränderten Lebensbedingungen nicht anpassen.

Es ist bis heute ein Rätsel, warum Säugetiere, Vögel, Krokodile, Eidechsen, Schlangen und Schildkröten überlebten.

Das Megazostrodon, eines der ersten Säugetiere

Den Sauriern auf der Spur

„Ich muss jetzt los zur Ausgrabungsstelle“, sagt Onkel Paul. „Bis heute Abend!“

„Aber du hast doch versprochen, dass wir mal mitkommen dürfen“, erinnert Maren ihren Onkel.

Christoph bestätigt das. „Du hast gesagt, wenn wir dich in den Ferien besuchen, nimmst du uns mit zu den Dinosauriern.“

Für einen kurzen Augenblick sieht Onkel Paul ratlos aus. „So, so, habe ich das versprochen? Na, dann muss ich es auch halten. Also los! Packt euch was zu essen und zu trinken ein. Da draußen gibt’s nämlich nichts.“

Jubelnd rennen die Kinder in die Küche.

„Oft finden wir nur Bruchstücke von versteinerten Dinoknochen“, erzählt Onkel Paul unterwegs. „Seid bitte nicht enttäuscht, wenn ihr keinen ganzen Dinosaurier seht.“

„Es ist bestimmt mühsam, alles auszubuddeln und richtig zusammenzusetzen“, meint Christoph.

Onkel Paul nickt. „Dafür ist es auch sehr spannend. Dort seht ihr schon meine Leute. Ich zeig euch die Fundstelle, und dann müsst ihr leider hinter die Absperrung.“

Maren und Christoph lassen sich ihre Enttäuschung nicht anmerken. Sie sind froh, dass sie überhaupt mitkommen durften.

„Hier geht’s lang.“ Onkel Paul führt die Kinder zu einer Stelle, an der drei Männer und eine Frau arbeiten. „Wir sind dabei, Teile eines Skeletts freizulegen.“

„Sind die Knochen denn kaputt? Oder warum werden sie alle einzeln verbunden?“, will Maren wissen.

Ihr Onkel lacht. „Herausgelöste Stücke werden mit in Gips getränkten Mullbinden umwickelt. Der Gips wird schnell fest und schützt die wertvollen Funde vor Beschädigungen. Im Labor geht dann die Feinarbeit weiter.“

Die Kinder sind beeindruckt. „Und woher weiß man, wie die Teile zusammengehören?“, fragt Christoph.

„Gleich nach der Entdeckung wird alles an Ort und Stelle sorgfältig ausgemessen, notiert und fotografiert“, erklärt Onkel Paul. „Ihr müsst jetzt hinter die Absperrung. Später hole ich euch noch einmal ab, damit ihr seht, wie weit wir gekommen sind.“

„Schade“, seufzt Maren, als sie die Ausgrabungsstelle verlassen. „Ich möchte so gerne mithelfen.“

Christoph kramt in seiner Hosentasche herum und zieht einen Würfel hervor. „Komm, wir denken uns ein Spiel aus!“

„Ein Spiel mit einem Würfel?“ Plötzlich kniet sich Maren hin und streicht mit der Hand über den felsigen Boden. „Ich weiß was!“, ruft sie. „Im Stein sind so komische Kuhlen. Wir würfeln und dürfen für jeden Punkt auf dem Würfel einen großen Sprung machen. So hüpfen wir von Kuhle zu Kuhle. Wer zuerst bei den Büschen da hinten ist, hat gewonnen.“

„Abgemacht“, stimmt Christoph zu. „Wo fangen wir an?“

Maren zeigt auf eine Vertiefung in ihrer Nähe. „Da passen wir beide rein. Aber die nächste ist so weit weg, dass wir mindestens eine Drei brauchen, um hinzukommen." Sie macht drei Riesensätze, um Christoph zu zeigen, was sie meint.

„Alles klar", sagt er. „Eigentlich haben die Kuhlen eine seltsame Form. Erinnern mich irgendwie an einen Monsterfilm. Das Monster hat so ähnliche Abdrücke in den Boden gestampft."

„Du und deine Gruselfilme!" Maren würfelt und hat Glück. „Eine Fünf!", ruft sie, macht fünf Riesensätze und schafft es sogar bis zur übernächsten Kuhle. Dann starrt sie plötzlich mit offenem Mund auf den Boden.

„Was ist los? Hast du eine Schlange entdeckt?", ruft Christoph.

Maren schüttelt heftig den Kopf. „Nein, es ist ... Was hast du gesagt? Ein Monster? Abdrücke im Boden?"

„Ja, ich meine die Form der Kuhlen. Man könnte denken, ein Monster …“ Weiter kommt Christoph nicht.

Maren unterbricht ihn. „Ein Monster? Oder vielleicht ein Dinosaurier? Komm mal her! Von hier sehen die Kuhlen wirklich wie echte Trittspuren aus!“

„Wahnsinn!“ Christoph klatscht in die Hände. „Schnell zu Onkel Paul!“

Onkel Paul hält die Vermutung der Kinder zuerst für einen Scherz. Dennoch können sie ihn überreden, sich die seltsamen Vertiefungen im Felsen anzuschauen. Er erkennt sofort, dass die beiden etwas

Außergewöhnliches entdeckt haben. Bald herrscht helle Aufregung unter den Paläontologen: Maren und Christoph haben echte Trittsiegel gefunden! Sie stammen wahrscheinlich von einer Herde Apatosauriern, die dort vor etwa 140 Millionen Jahren über weichen Boden gelaufen ist.

„Wir haben seit Wochen hier gearbeitet und diese Spuren nicht entdeckt, das gibt es doch nicht“, sagt einer der Wissenschaftler kopfschüttelnd.

Onkel Paul nickt. „Ein Glück, dass ich euch beide heute mitgenommen habe!“

Dinosaurier heute

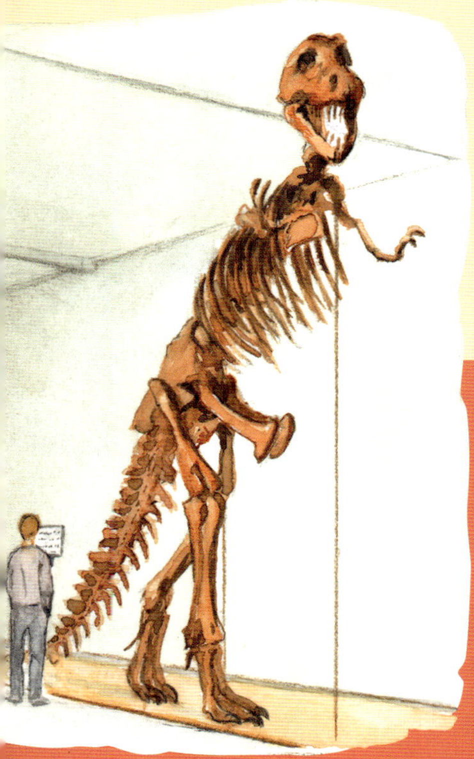

In **Museen** wie dem Senckenberg Museum in Frankfurt, dem Naturkundemuseum in Hannover und dem Museum für Naturkunde in Berlin kann man nicht nur Saurierskelette bestaunen. Man erfährt auch viel Spannendes aus dem Leben der Dinosaurier.

Saurierparks stellen nachgebildete Dinosaurier in Lebensgröße aus.

Im Saurierpark Münchehagen bei Hannover sind außer Sauriern auch echte versteinerte Fußspuren (**Trittsiegel**) zu sehen. Sie stammen von einer Herde elefantenfußartiger Dinosaurier wie Apatosaurus und von einem Fleisch fressenden Dinosaurier.

Im Altmühltal bei Solnhofen und Eichstätt kann man sich in öffentlichen **Steinbrüchen** an die Arbeit machen. Wenn man Glück hat, findet man ein paar interessante Versteinerungen (Fossilien)!

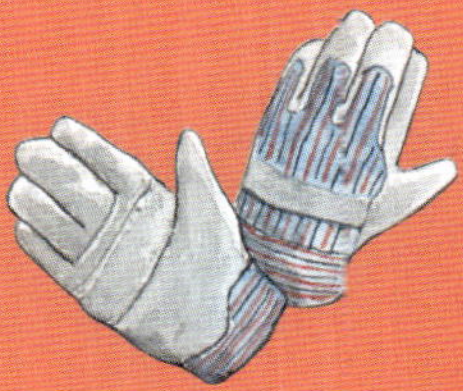

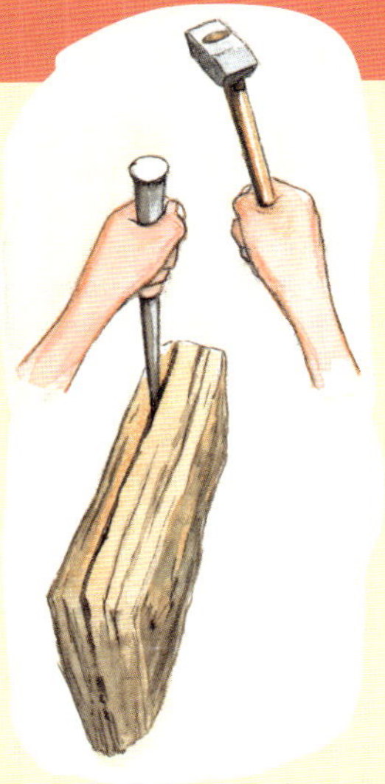

Wer dort mit Hammer und Meißel Steinplatten spalten will, muss unbedingt Schutzhelm, Schutzbrille und Arbeitshandschuhe tragen.

Insa Bauer, geboren 1948, arbeitete zunächst als Übersetzerin, bevor sie an der Fernuni eine Fortbildung in Erziehungs- und Sozialwissenschaften, Schwerpunkt Sonderpädagogik machte. Durch ihre Söhne kam sie zum Schreiben von Kinderbüchern. Seit 1986 ist sie freie Schriftstellerin und hat schon viele schöne Bücher veröffentlicht.

Udo Kruse-Schulz wurde 1960 geboren. Schon in der Schule stand für ihn fest, dass er Illustrator werden wollte. Nach dem Abitur studierte er in Hamburg aber erst einmal klassische Archäologie, bevor er seinen Traum, Grafik mit Schwerpunkt Illustration zu studieren, tatsächlich wahr machte. Udo Kruse-Schulz lebt mit seiner Frau und seinen fünf Katzen in der Nähe von Hamburg.